COMPTE RENDU

DU

CONGRÈS SCIENTIFIQUE

INTERNATIONAL

DES CATHOLIQUES

TENU A PARIS

DU 1er AU 6 AVRIL 1891

LE

NOUVEAU CODE PÉNAL ITALIEN

PAR

M. Alex. CÉLIER

Avocat au Mans

PARIS

ALPHONSE PICARD, ÉDITEUR

82, rue bonaparte, 82

—

1891

LE
NOUVEAU CODE PÉNAL ITALIEN

MACON, PROTAT FRÈRES, IMPRIMEURS

COMPTE RENDU

DU

CONGRÈS SCIENTIFIQUE

INTERNATIONAL

DES CATHOLIQUES

TENU A PARIS

DU 1er AU 6 AVRIL 1891

LE
NOUVEAU CODE PÉNAL ITALIEN

PAR

M. Alex. CÉLIER

Avocat au Mans

PARIS

ALPHONSE PICARD, ÉDITEUR

82, RUE BONAPARTE, 82

—

1891

LE

NOUVEAU CODE PÉNAL ITALIEN

———

Le nouveau Code pénal promulgué en Italie mérite de fixer l'attention. Fruit d'une longue élaboration, préparé dans un pays où dès longtemps la culture du droit criminel est en grand honneur, qui a donné à la science, qui possède encore aujourd'hui des criminalistes éminents, ce monument législatif est du plus haut intérêt pour les jurisconsultes, pour tous ceux qui suivent le mouvement contemporain des idées et des progrès sociaux. Il n'est pas moins intéressant pour les catholiques. Les passions religieuses qui agitent l'Italie unitaire exercent une inévitable influence sur sa législation. L'esprit sectaire qui inspire trop souvent les pouvoirs publics a fait inscrire dans la loi répressive des dispositions contre lesquels l'épiscopat a dû s'élever, qui ont appelé les protestations du Saint-Père [1], qui ont attristé le monde chrétien. Œuvre de science, mais œuvre de science portant atteinte aux droits de l'Eglise, le Code pénal du royaume d'Italie devait, à ce double titre, prendre place dans le programme d'un Congrès scientifique de catholiques.

Les savants français ont, du reste, compris l'importance du travail de codification qui vient d'être fait dans la péninsule. Nous avons déjà, dans notre langue, trois traductions différentes du texte de la loi nouvelle [2] ; des jurisconsultes et des magistrats lui ont consacré plusieurs travaux remarquables [3]. En première ligne, j'aime à citer M. Lacointa, un nom cher à tous les membres du Congrès. Indépendamment de la savante introduction dont il a fait précéder sa traduction, il avait étudié, dans une lettre adressée au garde des sceaux Zanardelli [4], le projet proposé aux Chambres italiennes.

1. V. Discours du Pape aux pèlerins italiens, 20 avril 1890.

2. Ces traductions sont dues à M. Lacointa (Imprimerie nationale), à M. Turrel (Pedone-Lauriel, éditeur), à M. Sarraute, juge au tribunal de Périgueux (Larose, édit.).

3. V. notamment l'étude de M. Paoli dans la *France judiciaire*, 1890, p. 353 et 1891, p. 24 ; un intéressant article, publié dans le Journal *La Loi* du 29 juin 1890, par M. le conseiller Delacroix, et les *Discours prononcés aux audiences solennelles de rentrée* de la Cour de Besançon, par M. Masse, et de Limoges, par M. Giacobbi, le 16 octobre 1890.

4. Cette lettre a été insérée dans le *Bulletin de la Société générale des prisons*, novembre 1888.

Ce travail a toutes les qualités habituelles des écrits de M. Lacointa : la hauteur des vues, une érudition sûre et variée ; il reçoit une valeur particulière de la compétence très spéciale de l'auteur appliqué depuis de longues années à l'étude du droit criminel, et du droit criminel de l'Italie, préparé à cette tâche par ses travaux antérieurs et ses anciennes relations avec les plus savants criminalistes de ce pays. C'est pour moi un devoir et un besoin d'abriter sous son autorité la modeste et rapide analyse que j'entreprends à sa suite et en le prenant pour guide [1].

Evidemment je ne puis songer, dans les étroites limites de temps dont peut disposer le Congrès, à faire autre chos e que jeter un rapide coup d'œil sur cette législation en faisant ressortir les innovations qu'elle consacre, les points par lesquels elle se distingue des lois antérieures, de notre loi francaise en particulier.

I

Presque tous les pays d'Europe ont senti la nécessité de refondre leurs lois criminelles [2]. Quelques-uns ont terminé cette œuvre comme l'Allemagne, les Pays-Bas, le Portugal ; d'antres (la France est de ce nombre [3]) sont encore dans la période de préparation. Chez aucun la codification ne devait rencontrer autant de difficultés qu'en Italie. L'unité politique de la nationalité italienne établie, il a fallu établir l'unité législative, entreprise difficile toujours, qui exige l'accord d'intérêts opposés, l'abandon de traditions, d'habitudes respectables, l'adoption pour quelques-uns de principes nouveaux, l'abdication pour d'autres de coutumes anciennement acceptées. En matière de lois répressives particulièrement, les divers pays de la péninsule offraient de grandes variétés et de profondes divergences. Tel a été l'obstacle principal qui a retardé longtemps l'unification [4]. Un point capital surtout était l'objet de sérieux dissentiments. La lutte opiniâtre entre les partisans du maintien et ceux de l'abolition de la peine de mort — question grave et passionnément débattue entre les publicistes, les jurisconsultes et même entre les nationaux des différents pays de l'Italie où elle avait été différemment résolue par les lois — a prolongé la période des discussions et entravé la solution pendant bien des années. Le principe même de l'unité de législation n'était pas unanimement accepté et a rencontré, jusqu'à la dernière heure, des adversaires résolus.

1. *Tu duca, tu signore, tu maestro !* Dante, *Inferno* II.
2. Cf. dans Lacointa, le *Code pénal d'Italie. Introduction* (p. xxv et suiv.) un tableau résumant ce mouvement général pour la réforme du droit pénal.
3. Un décret du 27 mars 1887 a institué une Commission comprenant des représentants des Chambres, des Facultés de droit, de la magistrature, avec mandat de préparer les éléments d'un projet de réforme de notre loi criminelle.
4. Il faut signaler aussi comme cause de ces longs délais la fréquence des changements ministériels.

Dès 1860, l'idée de travailler à la rédaction d'un Code pénal unique s'était fait jour et avait pris corps dans un vote de la Chambre des députés. Le garde des sceaux Miglietti proposait, en 1862, et présentait un projet consistant à étendre à l'Italie tout entière le Code subalpin de 1859. Cette première tentative d'unification n'eut pas de suite immédiate, mais, en 1863, le ministre Pisanelli invita par une circulaire les membres de la magistrature à formuler un avis sur la question, il nomma une commission chargée d'élaborer un projet dont de Falco fut le rédacteur. Vers la même époque, Mancini faisait voter par la Chambre des députés (novembre 1864) que le Code pénal de 1859 serait applicable à toutes les provinces du royaume avec abolition de la peine capitale. L'opposition du Sénat arrêta le projet Mancini. Le gouvernement, cependant, poursuivit l'œuvre commencée, institua de grandes commissions, invita de nouveau la magistrature à présenter des observations. Le travail d'étude et de préparation ne cessait pas. Mettant à profit les travaux déjà accomplis et l'enquête auprès des Cours d'appel, le garde des sceaux Pisanelli soumettait, en 1874, un projet à l'examen du Parlement. Une longue et sérieuse discussion devant le Sénat suivit le dépôt de cette proposition et aboutit à une nouvelle consultation des grands corps judiciaires et savants. Mancini présenta à la Chambre une première partie du projet sorti de cette nouvelle épreuve. En 1881, M. Zanardelli, devenu ministre, entreprit de faire refondre l'ensemble de toute la législation si laborieusement préparée ; sa chute du ministère l'empêcha de déposer lui-même sa proposition à la Chambre. Le ministre Savelli fut chargé de présenter au Parlement (novembre 1883) le projet élaboré par les soins de M. Zanardelli. Celui-ci, rentré dans le ministère en qualité de garde des sceaux, en 1887, saisit la Chambre de son projet complet en l'accompagnant d'un savant exposé. Après d'importants débats dans le sein de la Chambre des députés, celle-ci, par un vote du 9 juin 1888, puis le Sénat, le 15 novembre suivant, autorisèrent le gouvernement à promulguer le nouveau Code. Il a reçu la sanction royale, a été publié par décret du 30 juin 1887 et mis en vigueur le 1er janvier 1890.

Jusqu'à cette date l'Italie était régie, au point de vue pénal, par trois législations. Le Code sarde de 1859 était en vigueur dans les contrées du Nord, au midi le même Code était appliqué, mais modifié, en 1861, conformément aux traditions du Code de l'ancien royaume des Deux-Siciles ; la Toscane avait conservé son Code de 1853. Tel était le régime qui a été remplacé par le Code nouveau dont je devais résumer d'abord la patiente préparation pour en bien faire saisir l'intérêt et l'importance. Les vicissitudes par lesquelles a passé le projet de codification, ces trente années de travaux, ces remaniements successifs du texte, les consultations multipliées des facultés, des académies, des corps judiciaires, la coopération d'éminents jurisconsultes en font une œuvre qui doit marquer dans l'histoire juridique de notre époque. Il est temps maintenant d'en indiquer les grandes lignes, de faire connaître ses principales dispositions. Je ne puis qu'essayer de présenter un exposé forcément très sommaire.

II

On peut distinguer deux grandes divisions dans l'œuvre du législateur italien. Dans une partie générale qui correspond au livre I (*Des infractions et des peines en général*), il expose les principes fondamentaux du droit pénal Là trouvent place tout ce qui concerne la non rétroactivité et l'étendue d'application de la loi pénale, l'énumération et la classification des peines, leur mode d'exécution, les règles de l'imputabilité, la tentative, la complicité, le cumul des peines et la récidive, les modes d'extinction de l'action pénale et des peines. Les principes généraux une fois posés, vient la partie spéciale qui comprend les deux derniers livres du Code : II, *Des différentes espèces de délits.* — III, *Des différentes espèces de contraventions.*

Dès le début, nous rencontrons une innovation par rapport à notre loi pénale française. La division *tripartite* des peines n'est pas admise ; critiquée déjà par Rossi comme arbitraire, elle compte encore des partisans parmi les criminalistes français. La question, du reste, a reçu diverses solutions dans les différentes législations, beaucoup préférant la *tripartition* à raison des avantages pratiques qu'elle offre. La loi italienne a adopté la division *bipartite*, plus rationnelle peut-être et plus scientifique. Les infractions à la loi pénale sont donc ou des *délits*, lorsqu'il y a intention coupable, ou des *contraventions*, lorsqu'elles constituent de simples infractions matérielles. Cette classification des faits punissables domine, on vient de le voir, toute la division du Code.

Les articles 3 à 8 posent les règles relatives à l'infraction commise soit par un Italien hors du royaume, soit par un étranger en Italie. Étrangers et nationaux sont soumis à la juridiction des lois italiennes, même lorsqu'il y a déjà eu poursuite et jugement devant un tribunal étranger.

Les solutions données à ces questions de la territorialité et celles plus délicates encore de l'extraterritorialité de la loi pénale doivent être considérées comme heureuses. Les nouvelles prescriptions italiennes abaissent les barrières devant l'action de la justice. Il faut s'en féliciter comme de toute mesure propre à diminuer le scandale de l'impunité des criminels.

L'extradition vient compléter les dispositions ayant pour but de réprimer les faits délictueux commis hors du territoire. Cette matière trouve donc bien ici la place qui lui convient. Remarquons plusieurs particularités. Le gouvernement peut offrir l'extradition d'un étranger ; les demandes d'extradition, au lieu d'être, comme chez nous, du domaine de la réglementation administrative, sont soumises à un contrôle judiciaire qui augmente les garanties désirables en pareil cas. D'après l'article 9, un national ne peut, à aucun titre, être extradé. C'est un principe généralement admis par les publicistes, à l'exception de Grotius. Un éminent professeur de l'Université de Modène,

M. Olivi, qui a donné des travaux importants et du plus haut intérêt aux Congrès catholiques français et à plusieurs de nos recueils périodiques, critique l'inscription, dans la loi italienne, de ce principe que l'extradition du national doit toujours être refusée [1]. Ses raisons paraissent sérieuses.

Dans le titre II, nous trouvons la solution des grands problèmes relatifs aux peines et à leur hiérarchie.

La division française, si justement critiquée, entre les peines infamantes et non infamantes n'est pas reproduite. La loi se borne à distinguer deux classes de peines : celles qui frappent les délits, celles qui frappent les contraventions.

La peine de mort est supprimée. Cette suppression a été la condition de l'unification des lois pénales en Italie. L'innovation doit-elle être critiquée ? Ce n'est pas le lieu de rentrer ici dans les débats si passionnément agités sur la question. Sans doute, le vœu des criminalistes, des philosophes, de tous les penseurs est en faveur de l'avènement d'un état social où cette sévérité terrible ne serait plus nécessaire. Cette heure est-elle arrivée pour l'Italie ? Nous n'avons point à en décider, et nous ne pouvons que nous unir au souhait éloquemment exprimé par M. Lacointa [2]. Puisse l'Italie n'avoir jamais à revenir sur la résolution prise !

Au sommet de l'échelle pénale se trouve un mode de détention appelé *ergastolo*, seule peine perpétuelle, comparable à nos travaux forcés, mais subie à l'intérieur du royaume et comportant l'emprisonnement cellulaire.

Viennent ensuite la *réclusion* et la *détention* dont la durée varie entre trois jours et vingt-quatre ans, mais différenciées par une moindre rigueur pour la seconde ; le confinement (*confino*) ou résidence obligatoire consistant dans l'obligation de demeurer dans une commune déterminée par la sentence et située à une certaine distance du lieu où le délit a été commis.

Au dessous nous trouvons une peine pécuniaire, la *multa*, dont le taux varie de 10 à 10.000 *lires* ; enfin l'interdiction des offices publics, perpétuelle ou temporaire.

Telle est la série des six pénalités applicables aux délits.

Les peines établies pour les contraventions sont au nombre de trois : l'arrêt, dont la durée s'étend d'un jour à un an ; une seconde catégorie d'amende (*ammenda*) consistant dans le payement, au trésor de l'État, d'une somme non inférieure à une *lire* et non supérieure à deux mille ; la suspension de l'exercice d'un art ou d'une profession. Il faut encore signaler les dispositions des articles 26 et 27 qui donnent à la justice, relativement aux infractions peu graves, la faculté de substituer un avertissement solennel à la pénalité encourue. Cette réprimande judiciaire (*riprensione giudiziale*), quoique ne rentrant pas dans la classification du Code, constitue, en réalité,

---

1. L. Olivi, *Des délits commis à l'étranger d'après les dispositions du nouveau Code pénal italien* (*Revue de Droit international*, 1889, p. 37 et suiv.).

2. Le *Code Pénal d'Italie. Introduction*, p. xxxvi.

une sorte de peine sur le mérite et l'efficacité de laquelle, du reste, les criminalistes sont partagés [1].

Le législateur italien rattache, avec raison, au droit pénal, la science pénitentiaire et se préoccupe de l'exécution des peines corporelles. C'est là une supériorité à noter sur le Code français. Ainsi la peine de l'*ergastolo*, pendant les sept premières années, doit être subie en état de séparation cellulaire ; les années suivantes, le condamné peut être admis au travail commun ; pour les autres peines la loi fixe des périodes plus ou moins longues de séparation. Les progrès que notre loi du 5 juin 1875 n'a fait que réaliser très partiellement, exécutée qu'elle est dans de si minimes proportions, sont donc acquis en Italie.

La loi nouvelle adopte le principe de la libération conditionnelle.

Par une heureuse et très humaine disposition, il est tenu compte de l'amendement du coupable et la loi qui le punit l'encourage au bien, en accordant au condamné, s'il a une bonne conduite, de terminer sa peine dans certains établissements de travail ou certains chantiers.

La libération conditionnelle est aussi un principe que la France a récemment introduit dans son système pénal [2].

Dans l'appréciation des causes d'atténuation, le magistrat italien semble avoir une latitude moins grande que le juge français : pour chaque cas il doit se mouvoir entre un maximum et un minimum.

Le problème de la détention préventive est résolu dans le sens le plus libéral. Le temps pendant lequel le condamné a été détenu préventivement est imputé sur la peine.

L'effet des condamnations est d'entraîner certaines peines accessoires : en premier lieu la surveillance de l'autorité publique, assez analogue à ce que nous appelions, en France, la surveillance de la haute police, et aussi la privation du droit de tester, peine plus contestable et dont parfois la rigueur peut être bien excessive.

Les textes qui ont trait à la responsabilité des criminels méritent de nous arrêter un instant.

C'est un point capital en droit pénal. Il était particulièrement difficile à résoudre en Italie. Il y avait à compter avec la nouvelle école d'anthropologie criminelle qui a, dans ce pays, ses chefs les plus illustres. Je n'ai point à rappeler ici les théories qui ont rendu célèbres les noms de MM. Lombroso et Garofalo [3]. Leur étude rentre dans le cadre des travaux du congrès. Un

---

1. Notre Code français vient d'admettre, par la loi du 26 mars 1891 sur l'atténuation des peines, des dispositions qui procèdent de la même pensée de clémence dans la répression.

2. Cf. loi du 14 août 1885.

3. On trouvera un résumé de ces controverses dans l'ouvrage de M. Vidal, professeur à la Faculté de droit de Toulouse : *Principes fondamentaux de la pénalité dans les systèmes les plus modernes* (Paris, 1890, Rousseau, édit.). V. aussi les articles de M. Proal (*Correspondant*, octobre 1890), et J. Burlet, *Les théories nouvelles sur la liberté du criminel* dans la *Revue du Monde catholique* (janvier 1889), et encore Arth. Desjardins, *Revue des Deux-Mondes*, janvier et février 1891.

sujet de cette importance demande à être traité avec une autorité et une compétence que je suis loin de me sentir et que possède, au plus haut point, celui qui en est chargé. Qu'il suffise de redire que ce mouvement qui tend à ruiner la notion du libre arbitre est « un des plus redoutables qui puissent menacer la société [1] ». En effet, c'est la destruction de la base même du pouvoir répressif : la négation du libre arbitre est exclusive de l'idée de peine. La justice ne peut sévir que contre des hommes libres.

Le législateur italien devait tenir compte du courant d'opinion créé par l'école nouvelle. En traçant les règles de l'imputabilité il ne s'est pas écarté cependant des principes essentiels de l'antique philosophie du droit pénal, en même temps il a su s'inspirer des suggestions de la science contemporaine. Il se refuse à admettre la thèse de la *force irrésistible*, mais recherche et règlemente avec soin toutes les causes qui altèrent ou diminuent la responsabilité de l'agent : l'âge, la surdi-mutité, l'ivresse, le trouble des facultés intellectuelles.

Dans son article 47, la loi reconnaît une *demi-responsabilité* qui entraîne un abaissement de pénalité.

Une disposition qui semble à l'abri de la critique est celle en vertu de laquelle le juge peut ordonner la remise à l'autorité compétente de l'inculpé déclaré irresponsable, s'il lui apparaît qu'il serait dangereux de le mettre en liberté.

L'équivalence entre la colère et l'intense douleur (*impeto d'ira o intenso dolore,*) considérées l'une et l'autre comme causes d'atténuation de responsabilité, paraît moins justifiée. De même on pourrait aussi considérer comme trop facilement admise l'irresponsabilité résultant d'un ordre de l'autorité.

Le livre I se termine par les règles concernant la tentative, la complicité, le concours des délits et des peines, la récidive, la prescription. Il y aurait beaucoup à retenir de toutes ces théories qui sont hardiment abordées par le nouveau Code dont les solutions sont généralement heureuses. Je dois me hâter et n'indiquer que les traits les plus saillants.

L'assimilation complète établie par la loi française entre le délit *tenté* et le délit *consommé* a été écartée par les auteurs du Code italien. La répression de la tentative est moindre que celle de l'acte accompli. Le système français qui assimile ces situations différentes est aujourd'hui isolé dans l'ensemble des législations. Est également abandonné le système français sur la complicité; abandonnée aussi la distinction entre les *auteurs* et *coauteurs* d'une part, les *complices* de l'autre. La loi nouvelle reconnaît les *auteurs* ou *coauteurs*, les *instigateurs principaux* (appelés quelquefois par nos criminalistes *auteurs intellectuels* et rangés en France parmi les complices), enfin les *participants secondaires* qui sont pour la loi italienne les *complices*. Satisfaisantes en théorie, ces règles sur la classification des coparticipants et la graduation de la pénalité pourront présenter des difficultés d'appréciation dans la pratique.

---

1. M. Lacointa, *op. cit.*

Au cas de concours de plusieurs infractions donnant lieu à une même poursuite contre un auteur unique, le système de l'absorption des peines les moins fortes par la peine plus forte est écarté. La doctrine du cumul, qui consiste à appliquer autant de peines distinctes qu'il y a de faits poursuivis, n'est pas adoptée non plus. C'est à un procédé intermédiaire que s'est arrêté le législateur italien : la peine qui devra être prononcée sera la peine applicable à l'infraction la plus grave, en l'augmentant dans des proportions déterminées.

Le Code pénal d'Italie, différent en cela encore de notre Code, adopte, dans une large mesure, le système de la récidive spéciale exigeant que la nouvelle action coupable se réfère à la première.

Les modes d'extinction de l'action pénale et des condamnations sont les mêmes qu'en France. La prescription comporte des délais variant suivant la nature de l'infraction. Les distinctions ont paru à de bons juges trop multipliées [1]. La peine de l'*ergastolo* est toujours imprescriptible.

J'en ai fini avec l'examen (trop long peut-être et trop incomplet cependant) des principes généraux condensés dans les 103 premiers articles formant le livre I du Code.

Il me reste à parcourir la partie spéciale où nous trouverons la détermination des différentes espèces d'infractions.

III

Ici je devrai être plus bref et passer plus rapidement encore. Analyser est impossible ; il faudrait tout lire et commenter. Il n'y a pas à y songer. Je me bornerai à tenter une esquisse donnant une idée de l'ensemble, et comme une vue générale de la loi, ne signalant que les points plus dignes d'attention ou qui appellent la critique.

C'est par une critique sévère qu'il faut commencer. L'article 104, par lequel s'ouvre le titre premier consacré aux délits contre la sûreté de l'État, édicte la peine de l'*ergastolo*, c'est-à-dire le châtiment le plus élevé contre « quiconque commet un fait tendant (*un fatto diretto*) à soumettre l'État ou une partie de l'État à la domination étrangère, ou bien à en amoindrir l'indépendance ou à en altérer l'unité... »

Un fait tendant à... une expression aussi vague, manquant à ce point de précision, et lorsque la peine encourue est aussi grave, est la plus grave de toutes : voilà qui laisse entrevoir une perspective d'arbitraire que les passions religieuses régnant en Italie rendent bien effrayante ! L'effort du rédacteur d'une loi répressive doit être de prémunir autant que possible contre toute appréciation arbitraire. Ne semble-t-il pas vraiment que la législature ici a

---

1. M. Lacointa, le *Code pénal d'Italie. Introduction*, p. LXV.

obéi à la préoccupation contraire ? Cette incrimination portant sur un fait d'un caractère si peu précis, qui expose son auteur à la répression la plus sévère que connaisse la loi, c'est là une rédaction absolument antijuridique et que la science ne peut accepter.

Après les délits contre la patrie, le Code passe en revue les délits contre les pouvoirs de l'Etat, et là nous avons à remarquer une lacune regrettable. La loi dite *des garanties*, du 13 mai 1871, assimile les attentats contre la personne du Pape à ceux contre la personne du Roi; les auteurs du Code n'en ont pas fait mention; entendent-ils laisser ces prescriptions de la loi de 1871 en dehors de la législation pénale ?

Dans le titre relatif aux délits contre la liberté prennent place des dispositions destinées à réprimer les faits contraires à la liberté des cultes. Le trouble apporté aux cérémonies religieuses, l'outrage s'adressant aux personnes et aux choses consacrées à Dieu, sont punis de peines diverses; mais ce n'est qu'une protection matérielle apportée à la liberté religieuse. En dehors de la violence ou de l'atteinte dirigée contre une cérémonie, une personne, un objet, l'outrage à la religion, à la foi religieuse échappe à la répression.

Le Code, suivant toujours une division très méthodique et très rationnelle, continue par l'exposé des délits contre l'administration publique. Le chapitre V de ce titre consacré aux abus des ministres du culte se ressent malheureusement de la lutte engagée entre le gouvernement et l'Église. En Italie plus qu'ailleurs se trouvent des hommes politiques dont on a pu dire « qu'ils tiennent leurs adversaires à la pointe de l'épée et veulent être maîtres de tous leurs mouvements [1]. »

Des idées de guerre ardente se sont ici, dans l'esprit du législateur, substituées à la philosophie du droit. La sévérité excessive envers le clergé catholique a excité les plus vives protestations [2].

Les dispositions qui nous occupent altèrent d'une façon fâcheuse le caractère scientifique si remarquable d'ailleurs du nouveau Code. Par leur périlleuse élasticité, les articles 182, 183, 184 ne sont pas dignes de trouver place dans une œuvre juridique. L'article 174 du projet Zanardelli, devenu l'article 183 du texte définitif, disposait que « le ministre d'un culte qui, *abusant de la force morale dérivant de son ministère*, excite à méconnaître les institutions de l'État ou les actes de l'autorité, ou à transgresser d'une autre manière les devoirs envers la patrie... ou *préjudicie aux intérêts patrimoniaux*, ou *trouble la paix des familles*, sera puni etc... » Une rédaction aussi équivoque et dangereuse était inévitablement destinée à devenir oppressive.

Les critiques ont dû paraître justifiées ; car, malgré le vote de la Chambre, cette incrimination n'est pas reproduite dans le texte définitif. Mais l'expres-

1. M. le conseiller Delacroix, *la Loi* du 29 juin 1890.
2. Cf. l'écrit très intéressant de M. F. Calda, avocat à Plaisance, *I ministri del culto e articoli 173, 174, 175 176, del Codice penale* (Piacenza, 1888).

sion adoptée : *en se prévalant de sa qualité, prevalendosi della sua qualita,* n'offre-t-elle pas aussi de grands dangers ?

Les attaques contre les institutions (*che vilipende le istituzioni*), l'excitation au mépris des lois, sont punies de détention. En outre, tout délit commis par un ministre du culte, se prévalant de cette qualité, comporte une augmentation de peine d'un sixième à un tiers (art. 184).

Le titre suivant qui a trait aux délits contre l'administration de la justice est remarquablement ordonné et rédigé.

Le duel est rangé dans cette classe, et avec raison. N'est-il pas l'exercice d'un prétendu droit de se faire justice soi-même, et dès lors une usurpation ?

Le duel et la provocation même non suivie d'effet sont punis. La répression atteint aussi les porteurs de défi, ceux qui signalent au mépris public la personne qui aurait refusé de se battre, ceux qui excitent au duel.

La peine peut être, suivant les cas, la détention jusqu'à cinq années, ou une peine pécuniaire.

Je dois passer rapidement sur les titres suivants qui traitent des délits contre l'ordre public, contre la foi publique, contre la sécurité publique (où nous remarquons, par suite d'une heureuse harmonie entre la loi répressive et les progrès de la science, une série d'incriminations relatives aux faits contre la sécurité des moyens de transport ou de communication); contre les bonnes mœurs, contre la personne, contre la propriété.

A noter seulement, au milieu de cette rapide énumération, que la nécessité d'une plainte et la courte prescription d'un an, en ce qui concerne certains délits contre les bonnes mœurs (corruption d'un mineur, par exemple), sont de nature à empêcher peut-être le scandale, mais aussi à procurer l'impunité, qui elle-même est un scandale très regrettable.

Je signale encore la répression de la participation au suicide qui me paraît une innovation louable par sa haute portée morale.

On doit, semble-t-il, adresser les mêmes éloges à la répression des jeux de hasard.

Le livre II, spécial aux contraventions, les classe en quatre catégories, suivant qu'elles ont trait à l'ordre public, à la sécurité publique, à la moralité publique, à la protection publique de la propriété.

Tel est ce Code pénal d'Italie que j'ai cherché à faire un peu connaître, mais que je n'ai pas la prétention de juger. Il faut conclure cependant, et de l'exposé sommaire que je viens de faire ressortent, ce me semble, certaines constatations.

L'œuvre du législateur italien est conduite avec une méthode scientifique d'une insigne valeur; à part certaines dispositions inspirées par l'esprit de parti et que nous avons dû critiquer en passant et livrer à la sévérité des esprits impartiaux, le style est juridique, la rédaction sobre et savante; ce Code est un des plus courts parmi les Codes modernes; d'une étendue à peu près égale au nôtre, il est beaucoup plus complet et contient un grand nombre de dispositions qu'il faut chercher, chez nous, éparses dans des lois diverses ou dans le Code d'instruction criminelle.

L'ordonnance générale est heureuse et se développe logiquement; le système répressif est en harmonie avec la science pénitentiaire ; et les progrès réalisés chez les autres peuples sont, avec soin, mis à profit. En terminant, je pense à la France qui, après avoir, au début de ce siècle, précédé les nations de l'Europe dans la voie de la codification et fourni les modèles à la plupart des législations, reçoit aujourd'hui les exemples du dehors. Presque partout, autour de nous, on a procédé à des refontes législatives que nous devrons imiter. Le Code pénal italien est un de ceux que nos législateurs pourront utilement placer sous leurs yeux. Puissent-ils tirer la leçon complète de l'exemple de l'Italie! puissent-ils se souvenir, en élaborant notre Code, que la tache qui déshonore la loi, par ailleurs si remarquable et si intéressante, de nos voisins, est le fait de l'esprit de secte et des passions hostiles à l'Église catholique!

Le *Compte rendu du Congrès scientifique international des Catholiques* paraît en 8 fascicules formant un total de plus de 2.000 pages.

Le prix du Compte rendu complet est de 20 francs.

Les fascicules ne se vendent pas séparément.

Le *Compte rendu* se vend à l'Institut catholique de Paris, rue de Vaugirard, 74, et chez M. Alph. PICARD, éditeur, 82, rue Bonaparte.

MÂCON, PROTAT FRÈRES, IMPRIMEURS